Meine erste Tier-Bibliothek

Der Frosch

Text und Fotos von Paul Starosta

esslinger

Laubfrösche sind nicht größer als Aprikosen,
hören sich aber an wie Riesentiere.

Was für eine Stimme!

Es ist Nacht, alles ist still am Teich. Nur der Wind säuselt im Schilf. Plötzlich knackt es: krack! krack! Und weiter: krack-krack-krack! Was für ein Lärm! Der Krach kommt von einem kleinen Laubfroschmännchen, das singt, um ein Weibchen anzulocken. Aber es kommt keins. Jetzt, Anfang April, schlafen die Schönen noch.

Das Männchen erkennt man an der faltigen Kehle. Nur die Männchen singen.

Sie blasen ihre Kehle auf, damit ihre Stimme schön laut klingt.

Die Augen sitzen weit oben am Kopf des Laubfroschs. So kann er gut sehen.

Laubfrösche laichen wie die Kröten im Wasser.
Die Männchen sind kleiner als die Weibchen.

Da sind sie!

Die Nächte vergehen, und noch immer singt das kleine Männchen mit den anderen Laubfröschen am Teich. Endlich kommen eines schönen Abends auch die Weibchen. Platsch! Sie springen ins Wasser und die Männchen hinterher. Sie quaken jetzt noch lauter, um auf sich aufmerksam zu machen.
Da ist ja ein Weibchen ganz in der Nähe. Das Männchen schwimmt rufend heran. Die schöne Froschfrau freut sich. Er springt auf ihren Rücken.

Fisch oder Frosch?

Sofort beginnt das Weibchen kleine Päckchen mit Eiern abzulaichen.
Stunden später schwimmen Hunderte dieser Päckchen zwischen den Wasserpflanzen. Nach zwei Wochen schlüpfen kleine Larven aus den Eiern: die Kaulquappen. Bei der Geburt haben sie nur einen Saugnapf zum Festhalten. Nach und nach kommen aber alle Organe zum Vorschein. Jetzt sind sie bereit, bergeweise Algen zu fressen.

Die Eier sehen aus wie kleine weiße Perlen.

Der Teichmolch frisst sehr gerne Froscheier. Er verschlingt gleich das ganze Päckchen.

Das Neugeborene sieht und riecht nichts.

Bald bekommt es ein Mäulchen und Augen.

Die Kaulquappe wächst heran und bekommt schon Beinchen.
Noch sieht sie aber aus wie ein Fisch.

Die Kaulquappe frisst kleine Algen, die an Seerosen kleben. Lecker!

Schwimmkäfer sind die reinsten Kaulquappenfresser.

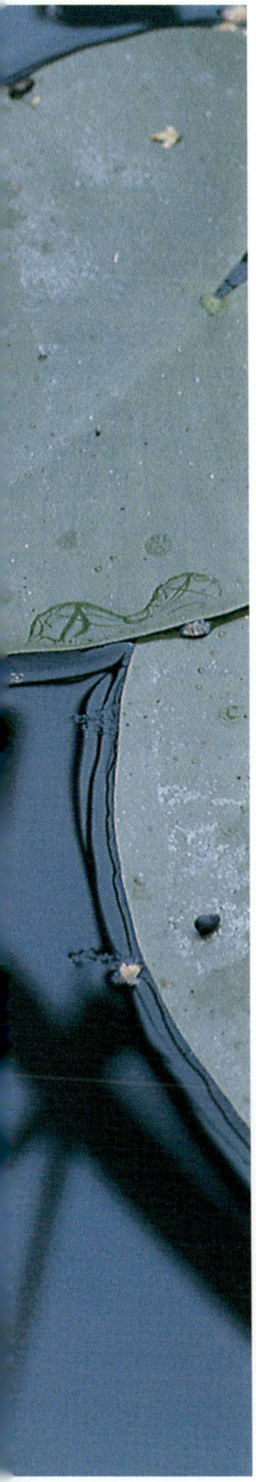

Kaulquappen schwimmen mit dem Schwanz ohne die Beine zu bewegen.

Am Anfang atmen sie unter Wasser noch mit Kiemen.

Nach zweieinhalb Monaten atmen sie an Land durch die Lungen.

Mit Beinchen

Im Teich findet die Kaulquappe leicht Futter. Sie frisst und frisst und wächst und wächst! Ihre Hinterbeinchen werden täglich länger. Sie futtert immer weiter! Dann kommen auch die Vorderbeine heraus. Nach ein paar Wochen wird der Schwanz kürzer und schon hat sie sich in einen kleinen Frosch verwandelt!

Mmmm, lecker!

Wenn der Laubfrosch erst mal seine endgültige Gestalt angenommen hat, ist er lieber an Land als im Wasser. Bzzz! Eine Mücke fliegt herbei und setzt sich auf einen Grashalm.

Ein Superauge mit drei Lidern.

Klasse! Ein schwimmendes Blatt ist genau das Richtige, um auf dem Trockenen zu bleiben.

Vorsicht! Nattern fressen besonders gern kleine Frösche.

Auch wenn viele Eier aufgefressen werden, tummeln sich immer noch viele Frösche am Ufer.

Der Laubfrosch riecht noch immer nichts, aber er kann nun hören. Er hat ein Insekt aufgespürt. Im nächsten Augenblick setzt er zum Sprung an und verschlingt es mit einem Bissen. Schluss mit der Pflanzenfresserei! Jetzt sind Spinnen und andere Insekten dran!

Komische Haut!

An der Luft ist es anders als im Wasser. Hier verbrennt die Sonne die Haut, vor allem, wenn sie so dünn ist wie bei Laubfröschen. So dünn, dass sie Wasser durchlässt. Wenn der Laubfrosch Durst hat, braucht er nur eine Regendusche oder ein Bad, das reicht schon. Die Haut der Laubfrösche ist so fein, dass sie sogar für Sauerstoff durchlässig ist.

Als einziger Frosch in Europa klettert der Laubfrosch auf Bäume.

Unter der Haut kreist das Blut und nimmt sich den Sauerstoff aus der Luft.

Der Laubfrosch kann mit seiner Haut wirklich alles machen: Sie dient ihm als Strohhalm zum Trinken, als Lunge zum Atmen und als Tarnung, damit er nicht so schnell gefressen wird.

Laubfrösche fallen nicht herunter, wenn sie von Ast zu Ast springen. Sie haben nämlich Saugnäpfe an den Zehen.

Diese fliegende Ameise wird mitsamt ihren Flügeln verschlungen.

Ausgewachsene Frösche fressen Wanzen und Ohrwürmer.

Nächtliche Safari

Ist das Maul erst mal geschlossen, kommt nichts mehr heraus. Der Magen freut sich!

Die kleinen Frösche laben sich an Ameisen.

Nach einer gewissen Zeit bringt die Haut des Laubfroschs eine Art Klebstoff hervor, der verhindert, dass er zu schnell austrocknet. Obwohl er sich jetzt nicht mehr so sehr vor der Sonne in Acht nehmen muss, geht er lieber abends auf die Jagd.

Dann stürzt er sich auf alles, was sich bewegt – natürlich nur auf solche Tiere, die er mit einem Bissen verschlingen kann. So wird er schnell groß.

Akrobatisch

Ausgewachsene Frösche springen ins Wasser und schwimmen darin herum, ohne sich vor dem Ertrinken zu fürchten. Sie sind wahre Meister im Schwimmen. Sie lassen sich auch gern auf dem Wasser treiben oder faulenzen auf dem Bauch so lange sie wollen.

An den Vorderbeinen haben sie nur vier Zehen.

Am Bauch ist ihre Haut nicht glatt.

Zum Schwimmen nehmen sie die Hinterbeine, deren fünf Zehen Schwimmhäute haben. So macht Schwimmen Spaß!

Der Storch hat Hunger. Gern würde er nun Frösche fressen.

Der Laubfrosch sollte sich aber nicht zu lange im Teich vergnügen. Das ist viel zu gefährlich! Deshalb klettert er auf einen Busch und sonnt sich in aller Ruhe. Man muss schon sehr genau hinsehen, wenn man den grünen Frosch inmitten der Blätter entdecken will.

Brrr!

Wenn der Herbst naht,
werden die Nächte kälter.
Deshalb jagt der Laubfrosch
jetzt tagsüber.
Wenn es langsam immer
kälter wird, sinkt auch seine
Körpertemperatur, bis er
nicht mehr auf die Jagd
gehen kann. Schnell!
Der Frosch muss einen
Unterschlupf für den Winter
finden. Dort schläft er und
wartet auf den Frühling,
auf die Wärme und die Liebe...

Der Laubfrosch hat einen Platz im Schilf gefunden und genießt die letzten Sonnenstrahlen.

Zum Schutz vor der Kälte verkriecht sich der Frosch unter Blättern und Moos. Dort bleibt er, ohne sich zu rühren. Er atmet nur noch über die Haut.

Beschützt sie!

In Deutschland stehen die Frösche wie alle Amphibien unter Naturschutz. Trotzdem fallen sie oft den Menschen zum Opfer, wenn sie unters Auto kommen, gegessen werden oder wenn ihre Sümpfe trockengelegt werden. Wir müssen sie unbedingt schützen.

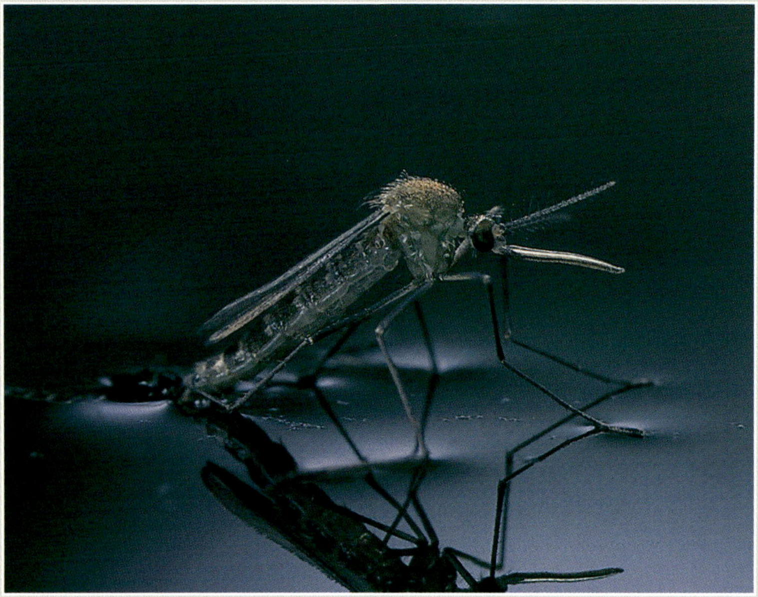

Ohne Frösche würden uns massenweise Mücken plagen.

Vergiftet

Wenn wir Insektizide versprühen, töten wir nicht nur die Insekten, die uns stören, sondern auch viele nützliche Tiere, zum Beispiel Frösche. Die Insekten gewöhnen sich nach einer gewissen Zeit an die Giftstoffe, die Frösche aber nicht. Am Ende bleiben den Menschen die lästigen Tiere erhalten, während sie die Nutztiere umbringen. Da läuft was falsch!

Am Ufer eines Teiches kann man viele kleine Tiere beobachten.

Sie brauchen Wasser!

Alle Amphibien brauchen zur Fortpflanzung Wasser. Wenn es keine Teiche und Sümpfe mehr gäbe, würden auch die Laubfrösche, die Kröten und Teichmolche schnell verschwinden. Sie würden alle sterben, und dann würde es viel zu viele Insekten geben. Deshalb ist es so wichtig, Feuchtgebiete zu erhalten. Gartenbesitzer sollten kleine Teiche anlegen und die Laubfrösche willkommen heißen.

Wenn das Wasser im Teich verseucht ist, sterben die Fische und sämtliche Kleintiere.

Fürchterliche Verschmutzung

Heutzutage haben sich die Menschen angewöhnt, Abwässer und Giftstoffe einfach in die Flüsse, Sümpfe und Seen zu leiten. Manche sind bereits deutlich verseucht. Die Fischer merken es daran, dass tote Fische auf dem Wasser treiben. Aber alle vergessen, dass unter den Fischen auf dem Grund auch die Kaulquappen sterben!

Die Verwandten

Die Laubfrösche gehören zu den Amphibien, jenen Tieren, die den Fischen am ähnlichsten sind. Einen Teil ihres Lebens verbringen sie ebenfalls im Wasser, wo sie mit Kiemen atmen und sich mit Hilfe ihres Schwanzes fortbewegen. Sie haben jedoch keine Schuppen und können auch an Land leben, wenn sie ausgewachsen sind.

Ein Schlammtaucher

Schlammtaucher sind genauso groß wie Laubfrösche und gehen wie diese nur zum Laichen ins Wasser. Das Männchen quakt, auch unter Wasser, und macht ein Geräusch wie ein quietschender Schuh.

Eine Geburtshelferkröte

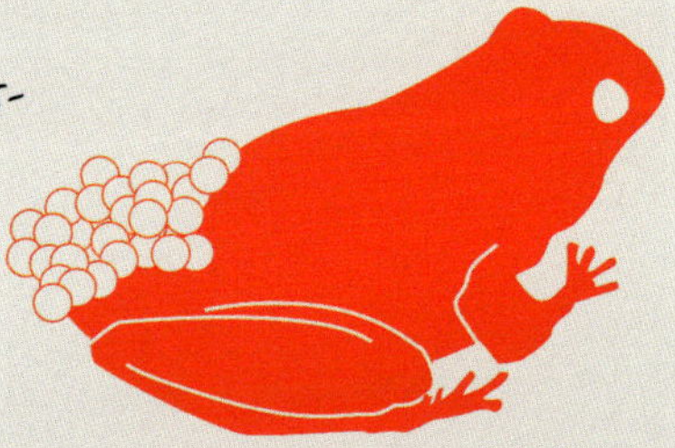

Das Männchen der **Geburtshelferkröte** trägt die Eier auf dem Rücken und an den Hinterbeinen mit sich herum. Bis zum Schlüpfen taucht er sie regelmäßig ins Wasser. Der hübsche Ruf dieser Kröte hört sich an wie Flötentöne.

Ein Wasserfrosch

Wasserfrösche lieben das Wasser, wo sie sich fast die ganze Zeit aufhalten. Die Männchen quaken sehr laut, indem sie die beiden Schallsäcke beiderseits des Mauls aufblasen.

Kröten sind große Tiere, aber man muss ganz nah an sie herantreten, um ihren Ruf zu hören. Nach der Fortpflanzung gehen sie aus dem Wasser und hören auf zu quaken. In den Gärten finden sie zum Fressen Insekten und Schnecken mit und ohne Haus.

Eine Kröte

Exotische Frösche

Frösche gibt es auf der ganzen Welt außer in den polnahen Gebieten. In den Tropen sind sie oft sehr klein und farbenprächtig.

Eine Mantella

Mantellen legen Eier in einen Bau. Heftige Regenstürme tragen die Kaulquappen in die Flüsse.

Engmaulfrösche ernähren sich von Ameisen und Termiten. Manche wohnen sogar in einem Termitenhaufen wie in ihrer Speisekammer.

Ein Engmaulfrosch

Familienalbum

Ein Baumsteigerfrosch

Ein Baumsteigerfrosch

In den amerikanischen Tropenwäldern leben die **Baumsteigerfrösche.** Diese kleinen Frösche bilden ein gefährliches Gift, mit dem die Indianer ihre Pfeile vergiften.

Ein Ruderfrosch

Die **Ruderfrösche** leben ebenfalls in den Bäumen. Sie legen sogar ihre Eier auf Blättern ab. Bei der Geburt fallen die Kaulquappen vom Blatt ins Wasser.

Einige Fragen zum Leben der Frösche.
Die Antworten findest du in diesem Buch.

Die französische Originalausgabe erschien erstmals 2001
unter dem Titel »La grenouille, parfaite acrobate« bei Éditions Milan, Toulouse, Frankreich.
Herausgeberin der Reihe: Valérie Tracqui

Aus dem Französischen von Anne Brauner

Anschrift: Postfach 10 03 25, 73703 Esslingen
ISBN-13: 978-3-480-21700-7 (14821)
ISBN-10: 3-480-21700-1

3. Auflage 2006